**Bibliografische Information der Deutschen Nationalbibliothek:**

Die Deutsche Bibliothek verzeichnet diese Publikation in der Deutschen National-bibliografie; detaillierte bibliografische Daten sind im Internet über http://dnb.d-nb.de/ abrufbar.

**Impressum:**

Copyright © 2018 GRIN Verlag
Druck und Bindung: Books on Demand GmbH, Norderstedt Germany
ISBN: 9783668907508

**Dieses Buch bei GRIN:**

https://www.grin.com/document/458651

**Niko Nowak**

**Aus der Reihe: e-fellows.net stipendiaten-wissen**

e-fellows.net (Hrsg.)

Band 3056

# Markov Models in algorithmischer Komposition

GRIN Verlag

# Markov Models in algorithmischer Komposition

**Seminararbeit**
im Fachgebiet Wirtschaftsinformatik

vorgelegt von:   Niko Nowak

Abgabetermin:   21.08.2018

# Inhaltsverzeichnis

# Abkürzungsverzeichnis

| MM | Markov Model |
|---|---|
| HMM | Hidden Markov Model |
| TP | Transition Probabilities |
| EP | Emission Probabilities |
| MC | Markov Chain |
| IDV | Initial Distribution Vector |
| OS | Output Symbols |

# Abstract

Das Ziel dieses Papers ist eine Veranschaulichung der Verwendungsmöglichkeiten von Markov Models und Hidden Markov Models in der algorithmischen Komposition. Zu diesem Zweck werden die jeweiligen Modelle sowohl erklärt als auch mit Anwendungsbeispielen aus der Forschung verdeutlicht. Es wird versucht, durch besonders interessante Fälle Denkanstöße für den zukünftigen Gebrauch solcher Modelle in der Komposition zu bieten.

# 1    Einleitung

Seit es die „calculating engine" gibt, dem Vorfahren des Computers, besteht ein Interesse an Computer-generierter Musik. Die Erfinderin der „calculating engine", Ada Lovelace, sagt bereits im 19. Jahrhundert:

„Supposing, for instance, that the fundamental relations of pitched sound in the signs of harmony and of musical composition were susceptible of such expression and adaptations, the engine might compose elaborate and scientific pieces of music of any degree of complexity or extent" [1]

Diese Arbeit beschäftigt sich mit dem ersten Ansatz, mithilfe von Computern Musik zu generieren. Der Mathematiker Andrey Andreyevich Markov (1856–1922) schrieb 1913 in der Neuauflage seines ersten Buches über seinen Ansatz der Betrachtung einer Buchstabenfolge als eine simple Kette. Darin analysiert er die Abfolge von 20.000 Buchstaben im Gedicht „Eugen Onegin" von A. S. Pushkin hinsichtlich der Wahrscheinlichkeit des Aufeinanderfolgens von Konsonanten und Vokalen. So errechnete er die Wahrscheinlichkeit von 0.128, dass auf einen Vokal ein weiterer Vokal folgt. Die Wahrscheinlichkeit, dass ein Vokal einem Konsonanten folgt, beträgt 0.663. Außerdem war die stationäre Wahrscheinlichkeit eines Vokals 0.432. Erst 1926 wurde diese Art stochastischer Ketten Markov-Ketten genannt. [2, S. 67]

Bis zur ersten bekannten musikalischen Anwendung dauerte es weitere 20 Jahre. Lejaren Hiller und Leonard Isaacson produzierten an der University of Illinois 1955-56 die „Illiac Suite" aus 4 Kompositionen für ein Streichquartett.

„In 'experiment four', Hiller and Isaacson use Markov Models of variable order for the generation of musical structure. Amongst others, these Markov Models serve to select notes under various musical aspects, like the succession of skips and stepwise motions, the progression from consonant to dissonant intervals or even sound textures, which can be related to a tonal center in order to establish a distinct tonality." [2, S. 72]

Obwohl Hiller und Isaacson versuchten, jede Entscheidung in der Komposition dem Computer zu überlassen, klingen vor allem die ersten zehn Sekunden sehr harmonisch. Man hat über weite Strecken des Stücks ein Gefühl von Struktur.

Im Gegensatz dazu nutzte Iannis Xenakis, berühmt für seine Experimente in der Komposition mit mathematischen Strukturen, MM lediglich zur Unterstützung seiner Komposition. Demnach produzierten seine Modelle musikalisches Material, welches er zusammenfügte. Seine Werke wurden live auf traditionellen Instrumenten gespielt. [9, S. 134]

In den 60er Jahren fügte unter anderem Leonard E. Baum eine weitere Dimension zum MM hinzu, woraus das HMM entstand. Dieses erlaubte z.b. die Ergänzung einer vorgegebenen Kette. [3]

Im Ansatz von Farbood und Schoner wurde ein HMM mit den Regeln der Kontrapunkttechnik des 16. Jahrhunderts ausgestattet. Unter der Vorgabe einer Melodie erzeugte das HMM ein kontrapunktisches Gegenstück.

Auch heute noch werden MM in der Komposition verwendet. Eine solche Funktion ist unter anderem in den Kompositionsprogrammen CSound, Max und SuperCollider enthalten.

In dieser Arbeit werden das MM und HMM jeweils formal vorgestellt, dann bildlich erklärt und mit Anwendungsbeispielen aus der algorithmischen Komposition weiter veranschaulicht.

## 2 Markov Model

Markov Models sind stochastische Modelle, um sich zufällig ändernde Systeme zu modellieren. Markov-Ketten sind darauf basierend mögliche Folgen von Ereignissen, bei denen die Wahrscheinlichkeit jedes Ereignisses von dem vorherigen state oder mehreren vorherigen abhängt. Formal lässt sich ein MM wie folgt darstellen:

States: $S = \{S_1, \dots, S_n\}$
Transition probabilities: $a_{ij} = P(q_{t+1} = S_j \mid q_t = S_i)$
Initial distribution vector: $\pi_i = P[q_1 = S_i]$
Länge der MC: $T$
Sequenz von states: $Q = q_1, \dots, q_T, q \in S$

Da die MC eine spezielle Art einer stochastischen Kette ist, hat jeder Zeitpunkt $t$ eine Zufallsvariable $q$. Die Zufallsvariable $q$ wird aus der Menge der states belegt. Für $q_t$ ($q$ am Zeitpunkt $t$) ist die TP $a_{ij}$ zu $q_{t+1}$ (dem auf $q_t$ folgenden state)

$$P(q_{t+1} = S_j \mid q_t = S_i)$$

wobei die states $S_i$ und $S_j$ gegeben sind. Der IDV enthält die Wahrscheinlichkeiten aller states $S_i$, die Belegung der ersten Zufallsvariable $q_1$ zu sein.

Um dieses Konzept zu verdeutlichen kann man das Beispiel einer Wettervorhersage heranziehen.

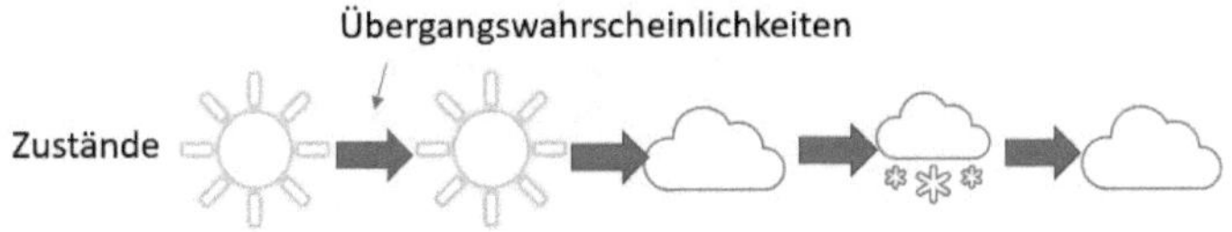

**Abb. 2.1:** MC aus Wetterzuständen

Man kann die TP sowohl als Matrix als auch als Graph darstellen. Die states dieses MM sind Sun, Snow und Clouds. In der Matrix in Abb. 2.2 sind alle states jeweils horizontal und vertikal aufgelistet. Ein Feld beschreibt die Wahrscheinlichkeit, dass, gegeben im Zeitpunkt $t$ ist der state der Zeile eingetreten, im Zeitpunkt $t + 1$ der state der Spalte eintritt. Wenn also das Wetter an einem Tag sonnig war, ist die Wahrscheinlichkeit für Sonne am nächsten Tag 0,3. Mit einem Wahrscheinlichkeitsvektor $\pi_i = (0.1, 0.5, 0.4)$ kann man nun durch zufälliges Auswählen des nächsten state eine beliebig lange Kette erzeugen.

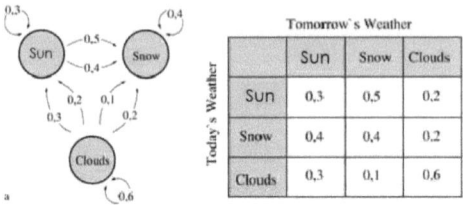

**Abbildung 2.2:** transition graph und transition matrix [vgl. 2, S. 68]

## 2.1 Stilkopie

Eine der häufigsten Anwendungen einfacher MM in algorithmischer Komposition ist die Stilkopie. Dabei wird ein MM an einer Vielzahl von Stücken einer fest abgegrenzten Stilrichtung trainiert. Dieses Material nennt man Korpus. Zum Training werden ein oder mehrere Parameter festgelegt, wie Tonhöhe, Tondauer oder Lautstärke. Alle möglichen Zusammensetzungen dieser Parameter (auch Symbole genannt) bilden die Menge der states. Beim Training werden die relativen Häufigkeiten zweier aufeinanderfolgender Symbole im Korpus analysiert und bilden nun die transition matrix. Der IDV wird häufig durch die Anfangssymbole der Stücke bei selbem Verfahren bestimmt.

Eine sehr simple Anwendung ist diese Stilkopie des Liedes Happy Birthday:

**Abb. 2.3:** Erste Strophe des Liedes „Happy Birthday" [10]

Man lege als Parameter die Tonhöhe innerhalb einer Oktave fest. Dadurch entstehen die states c, d, e, f, g, a, h. Nun werden die absoluten Häufigkeiten jedes Paares zweier aufeinanderfolgender states bestimmt, also von c auf c, von c auf d usw., wie gesehen in Abb. 2.4. In den letzten zwei Schritten transponiert man die Häufigkeiten in eine Matrix und berechnet relative Häufigkeiten daraus. Der Ton c ist der erste, also wird er auch in allen von diesem MM generierten Kompositionen zu Beginn stehen. Der IDV enthält also an der Stelle von c eine 1, der Rest ist mit Nullen gefüllt.

$C \to C : 3$
$C \to D : 2$
$D \to C : 2$
$C \to F : 1$
$F \to E : 1$
$E \to C : 1$
$C \to G : 1$
$G \to F : 1$
$F \to C : 1$

$$\begin{bmatrix} 0 & 0 & 0 & 0 & 0 & 0 & 0 \\ 0 & 0 & 0 & 0 & 0 & 0 & 0 \\ 0 & 0 & 3 & 2 & 0 & 1 & 1 \\ 0 & 0 & 2 & 0 & 0 & 0 & 0 \\ 0 & 0 & 1 & 0 & 0 & 0 & 0 \\ 0 & 0 & 1 & 0 & 1 & 0 & 0 \\ 0 & 0 & 0 & 0 & 0 & 1 & 0 \end{bmatrix}$$

$$\begin{bmatrix} 0 & 0 & 0 & 0 & 0 & 0 & 0 \\ 0 & 0 & 0 & 0 & 0 & 0 & 0 \\ 0 & 0 & \frac{3}{7} & \frac{2}{7} & 0 & \frac{1}{7} & \frac{1}{7} \\ 0 & 0 & \frac{2}{2} & 0 & 0 & 0 & 0 \\ 0 & 0 & \frac{1}{1} & 0 & 0 & 0 & 0 \\ 0 & 0 & \frac{1}{1} & 0 & \frac{1}{1} & 0 & 0 \\ 0 & 0 & 0 & 0 & 0 & \frac{1}{1} & 0 \end{bmatrix}$$

**Abb. 2.4:**    Drei Schritte des Trainings der transition matrix [10]

## 2.2    Komposition ohne Korpus

Statt mit einem Korpus die transition matrix aufzustellen und states zu entdecken, stellt Kevin Jones ein System ohne Korpus dar. Die states sind kurze Motive. In Abb. 2.5 sind diese states in einem transition graph dargestellt, der nicht stark zusammenhängend ist. Weiter teilt Jones die Motive zwei Arten von Äquivalenzklassen zu, den „transient" (durchlässig) und „recurrent" (wiederkehrend) Klassen. Transient classes zeichnen sich dadurch aus, dass wenn ein state darin eingetreten ist, immer noch states von anderen Klassen erreicht werden können. Das ist bei recurrent classes nicht der Fall. Wird ein state einer solchen Klasse erreicht, kann kein state einer anderen Klasse mehr auftreten. Neben dem transition graph sind die Motive in ihrer Zugehörigkeit zu den vier Klassen aufgelistet.

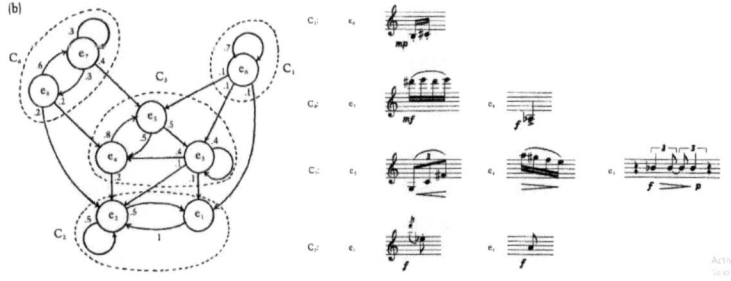

**Abb. 2.5:**    transition graph und Motive nach Äquivalenzklassen [4]

Die einzige recurrent class ist $C_2$, die anderen sind also durchlässige Klassen. Bei der Komposition wird ein Event zufällig gewählt und von da aus für jeden Übergang ein Zufallswert zwischen 0 und 1 bestimmt. Ist der Wert unter der angegebenen TP, wird der state gewechselt. [4]

**Abbildung 2.6:**     Beispielkomposition nach Jones [4]

Wie man in Abb. 2.6 sieht, ist in der zweiten Zeile die recurrent class $C_2$ erreicht. Das illustriert die Möglichkeiten dieses Formalismus.

In vielen populären Liedern gibt es wiederkehrende Strukturen, sowohl die Liedstruktur (Strophe, Refrain etc.) als auch die Akkordwechsel. Durch die Verwendung recurrent classes wird eine Strukturierung möglich.

## 2.3     Herausforderungen des MMs in der Komposition

Die bisher gezeigten Beispiele nutzten MM erster Ordnung. Die Ordnung gibt an, wie viele der states in einer Kette Einfluss auf den nächsten state nehmen. Hauptsächlich werden in der Komposition MM der dritten oder vierten Ordnung verwendet. Ein einfaches MM erster Ordnung wie im Beispiel mit „Happy Birthday" produziert sehr zufällige Stücke. Die melodischen Strukturen sind in den seltensten Fällen konsonant. Dazu kommt, dass die Liedstruktur des produzierten Stückes auch nicht kontrollierbar ist, da immer nur der nächste Ton betrachtet wird.

In populärer Musik werden hauptsächlich der Plagalschluss, Halbschluss oder Ganzschluss verwendet, diese werden über eine bestimmte Abfolge harmonischer Funktionen definiert. Wenn ein MM erster Ordnung einen solchen Schluss produziert, dann nur durch Zufall. Das kann man verhindern, indem man die Schlussformeln der Lieder des Korpus markiert, oder ein eigenes MM für die Schlüsse aufstellt.

Doch auch MM hoher Ordnung sind problematisch. Je höher die Ordnung ist, desto ähnlicher werden die produzierten Stücke dem Korpus. Mit der fünften Ordnung würde das

MM aus dem „Happy Birthday"-Beispiel das Stück reproduzieren. Das liegt daran, dass jede Folge von fünf Tönen in dem Korpus einzigartig ist. Das zeigt auch, dass wenn eine Sequenz von $n$ Tönen nicht im Korpus ist, sie auch niemals in der Komposition eines MM $n$-ter Ordnung ist. Ein weiteres Problem ist die steigende Komplexität bei höherer Ordnung. Die transition matrix hat $m^n$ Zeilen ($m$ sei die Anzahl der states), was schnell zu einer Explosion benötigter Rechenleistung führt [vgl. 2, S. 69, 81].

# 3    Hidden Markov Model

Im Gegensatz zum MM sind in einem HMM die states nicht sichtbar. Dafür gibt es die output symbols, von denen in einer Kette jede einem state zugeordnet ist, denn diese states emittieren die OS. Die Wahrscheinlichkeit dafür, dass ein state eine OS emittiert, steht in der Emission probability matrix. Üblicherweise ist die Sequenz von hidden states das produzierte musikalische Material aus Tönen mit Tonhöhen und Dauer. Formal lässt sich ein HMM wie folgt darstellen:

| | |
|---|---|
| States: | $S = \{ S_1, \dots, S_n \}$ |
| Transition probabilities (TP): | $a_{ij} = P(q_{t+1} = S_j \mid q_t = S_i)$ |
| Initial distribution vector (IDV): | $\pi_i = P[q_1 = S_i]$ |
| Output symbols (OS): | $V = \{v_1, \dots, v_m\}$ |
| Emission probabilities (EP): | $b_j(k) = P(o_t = k \mid q_t = S_i)$ |
| Länge der MC: | $T$ |
| state sequence: | $Q = q_1, \dots, q_T$ |
| output sequence: | $O = O_1, \dots, O_T$ |

Zu dem Beispiel für das MM werden OS und EW hinzugefügt. Wie das Wetter an einer Folge von Tagen war, ist unbekannt. Aber es ist bekannt, was die Menschen getragen haben. Dies ist die output sequence aus den OS Winterjacke, Regenjacke und Sommer-kleid. Angenommen an einem Tag war es sonnig. Die EW sagen z.B. aus, wie hoch die Wahrscheinlichkeit ist, dass die Menschen an dem Tag Regenjacken getragen haben.

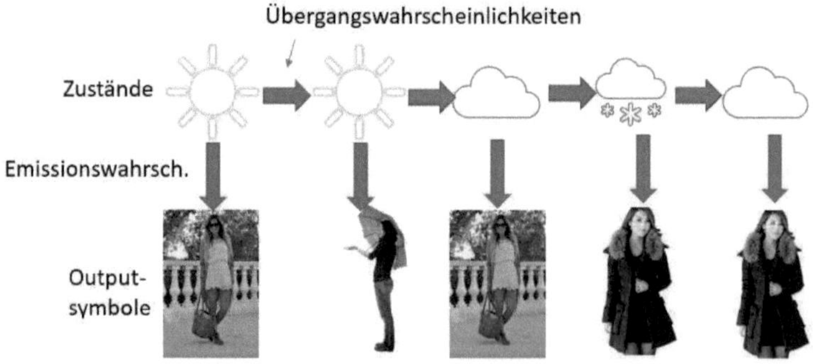

**Abb. 3.1:** MC eines HMM

## 3.1 3 Probleme des HMM

Der HMM hat drei Algorithmen zur Verfügung. Im Folgenden werden sie kurz erklärt.

*Evaluationsproblem (Forward Algorithmus)*
Es ist ein HMM gegeben und eine output sequence O. Der Forward Algorithmus findet heraus, wie wahrscheinlich es ist, dass der HMM diese output sequence produziert.

$$P\ (O\ =\ O_1, ..., O_T \mid HMM)$$

*Dekodierungsproblem (Viterbi Algorithmus)*
Wieder sind ein HMM und eine output sequence gegeben. Welche Folge von states ist am wahrscheinlichsten? Dieser Algorithmus wird z.B. in der Spracherkennung verwendet. Die output sequence sind die gesprochenen Laute und die states die dahinterliegenden Worte. Außerdem spielt der Algorithmus eine wichtige Rolle in der Musikproduktion mit HMM.

*Baum-Welch Algorithmus*
Bei einer gegebenen output sequence findet dieser Algorithmus die wahrscheinlichsten Parameter für einen HMM, der die Sequenz erzeugt. Er wird verwendet, wenn eine Spracherkennung für einen Nutzer kalibriert wird. Es werden dem Nutzer Worte vorgegeben (states), die er sagen soll. Das gesprochene Wort ist die output sequence.

## 3.2 Jazz-Improvisationen aus Motiven

In dem Ansatz von Martin Hirzel und Daniela Soukup [5] zur Komposition mit HMM werden ähnlich wie bei Jones Motive als states verwendet. Die output sequence wird ebenso vom Nutzer eingegeben und besteht aus harmonischen Funktionen die in der Komposition jeweils einen 4/4 Takt währen. Nachdem das HMM mit dem Lied „Forest Flower (Sunrise)" von Charles Lloyd trainiert wurde und damit die TP und EW bestimmt wurden, ergibt die Berechnung mithilfe des Viterbi Algorithmus die wahrscheinlichste Folge von melodischen Strukturen. Dabei können diese Motive transponiert werden, um mit der jeweiligen harmonischen Funktion übereinzustimmen. Nach den Autoren klingt das Ergebnis gut, die einzige Leistung des HMM ist jedoch die Anordnung der vorgegebenen Motive. Abb. 3.2 zeigt eine solche Komposition.

**Abb. 3.2:**    Beispielkomposition aus Motiven 12-16. Hirzel, Soukup [5]

## 3.3    Kontrapunktische Ergänzung

Der Ansatz von Mary Farbood und Bernd Schoner [6] ist eine interessante Umsetzung des kontrapunktischen Regelwerks des 16. Jahrhunderts von Komponist und Musikologe Knud Jeppesen in ein HMM. Bei einer gegebenen Melodie (*cantus firmus*) erzeugt das HMM eine kontrapunktische Melodie dazu (mehrere verschiedene Ausgaben sind möglich).

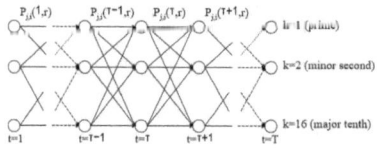

Figure 1: Trellis state diagram. The vertical states $n$ correspond to note intervals relative to the cantus note at time $t$. The time $t$ corresponds to time steps going forward. $P_{j,i}(t, r)$ denotes the probability of transition from state $i$ at time $t$ to state $j$ at time $t + 1$ with respect to rule $r$.

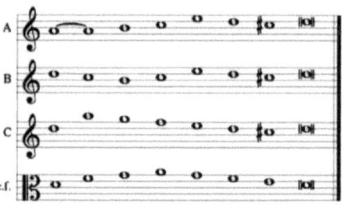

**Abb. 3.3:**    Zustandsdiagramm [6]        **Abb. 3.4:** menschliche Komposition (A)

und Computer-Kompositionen (B, C) [6]

Das besondere an ihrer Methode ist das Aufstellen von neun Übergangsmatrizen, welche Melodie, Harmonie und auch Restriktionstabellen beinhalten, die lediglich verhindern, dass die kontrapunktische Stimme ihren state von etwa über dem *cantus firmus* oder darunter während einer Ausführung verändern. Entsprechend der Regeln nach Jeppesen wurden verbotene Transitionen auf null gesetzt; schwieriger war es für die Autoren, die Wahrscheinlichkeiten der möglichen Transitionen gegeneinander abzuwägen. Weiter wurde versucht, einige der komplexeren transition matrices aus gegebenen Kontrapunktbeispielen zu konstruieren. Die Resultate kamen den manuell erstellten nah. Das fertige

Programm stimmte mit den kontrapunktischen Regeln des 16. Jahrhunderts überein und konnte sogar einige Melodien erzeugen, die Studenten eines der Autoren der Studie produziert hatten und mit der Bestnote gewertet wurden. Abb. 3.4 zeigt zu einem *cantus firmus* eine menschliche und zwei von Farbood und Schoners HMM erzeugte Melodien.

## 3.4 Hierarchisches Modell

Moray Allan nutzte MM und HMM zur harmonischen Ergänzung einer gegebenen Sopranstimme [7]. In einem dreiteiligen Prozess, beispielhaft in Abb.3.5, werden mit drei HMM jeweils die berechnete state sequence des einen HMM als output sequence des nächsten verwendet wird. Daher kann man die HMM in eine Hierarchie einordnen. Im ersten Schritt werden mit der Sopranstimme als output sequence per Viterbi Algorithmus eine Folge von harmonischen Funktionen bestimmt. Als nächstes, nun mit der harmonischen Struktur als output sequence, werden wiederum Akkorde berechnet. Damit die nun entstandenen Stimmen nicht nur aus meistens Vierteln besteht, erzeugt der dritte Schritt Verzierungen. Dabei werden hauptsächlich Viertel in zwei Achtel verwandelt, die den Zwischenraum zwischen zwei aufeinanderfolgenden Vierteln verbinden. Die Symbole der output sequence sind hier eine Zusammensetzung aus Viertelpaaren und der harmonischen Funktion zur ersten der beiden Viertel.

## 3.5 Stilerkennung

Wie man HMM in der Musik verwenden kann, ohne zu komponieren, zeigt der Ansatz von Wei Chai und Barry Vercoe [8]. Sie versuchen, Melodien der richtigen Stilrichtung zuzuordnen. Es handelt sich um die Unterscheidung von Volksmusik aus Irland, Deutschland und Österreich. Die Melodien werden auf vier verschiedene Weisen zu Symbolen konvertiert: (1) Tonhöhe innerhalb einer Oktave, (2) Tonhöhe zusammen mit Tondauer, (3) Ton wird als Intervall dargestellt, (4) Intervalle werden durch Symbole dargestellt: 0 für eine Prim, +/- für ein oder zwei Halbtöne nach oben/unten, ++/-- für drei oder mehr Halbtöne nach oben/unten.

Es werden 16 HMM erzeugt mit zwischen zwei und sechs states und verschiedenen Strukturen, welche entscheiden von welchen states welche anderen direkt erreichbar sind. Die Parameter der HMM werden mithilfe des Baum-Welch Algorithmus trainiert. Dann weist der Viterbi Algorithmus einer Melodie aus dem Test Set den HMM zu.

Die Ergebnisse aller HMM erreichten eine Klassifizierungsgenauigkeit von mehr als 50%, die besten sogar um die 75%. Die Volkmusik aus Deutschland und Österreich konnte weniger gut auseinandergehalten werden als diese im Vergleich mit irischer Musik.

**Abb. 3.5:**     Drei Schritte der Komposition [2, S. 79]

# 4 Fazit

Markov Modelle werden in der algorithmischen Komposition hauptsächlich zur Stilimitation verwendet. Dabei sind die Modelle zweiter bis vierter Ordnung prävalent. Das liegt an dem Tradeoff zwischen höheren und niedrigen Ordnungen. Gerade bei Modellen höherer Ordnung entsteht schnell eine große transition matrix. Diese zu füllen erfordert viele Daten, was am einfachsten durch Stilkopie ermöglicht wird. Außerdem benötigen diese Matrizen exponentiell mehr Rechenleistung bei Ordnung $n + 1$. Doch je höher diese Ordnung ist, desto ähnlicher wird die Komposition dem Korpus. Ist der Korpus besonders klein, werden ganze Passagen reproduziert. Andererseits werden Passagen der Länge $n$ überhaupt nicht produziert, wenn sie in einem MM der Ordnung $n$ nicht im Korpus auftauchen. Der Nachteil niedriger Ordnungen ist Zufälligkeit und Strukturlosigkeit.

Um einer Komposition ein sinnvolles Ende hinzuzufügen, wurden verschiedene Ansätze entwickelt. MM allein erfüllen diese Aufgaben unzulänglich. Strukturen können dank des Viterbi Algorithmus einfacher geschaffen werden, in dem man eine vorher fabrizierte Struktur vorgibt, z.B. eine Folge harmonischer Funktionen. Diese setzt man als output sequence ein.

Ein Problem in der Anwendung von MM zur algorithmischen Komposition ist die Natur der Musik. In der Musikanalyse verwendet man weit über 10 Parameter wie Takt, Melodik, Harmonie und Dynamik, von denen manche mehrere Takte überspannen und einige die kleinste Einheit betreffen, den Ton. Es empfiehlt sich daher, mehrere MC zu verwenden, wie bspw. im Hierarchischen Modell nach Allan. Die vertikale Dimension der Musik, nämlich die Häufung vieler Parameter an derselben Stelle im Korpus, führt zu einer riesigen Menge an states, wenn man viele Parameter in die states einbaut. Die Kombination aller möglichen Parameter ergibt so viele states, dass sowohl die erhöhte Rechenleistung als auch die Gefahr der Reproduktion des Korpus diese Möglichkeit undurchführbar machen. [vgl. 2, S. 69, 81]

# Referenzen

1. Alpern, A.: Techniques for algorithmic composition of music. Hampshire 1995.

2. Nierhaus, G.: Algorithmic Composition – Paradigms of Automated Music Gen eration. Wien 2009.

3. Rabiner, L. R.: First-Hand: The Hidden Markov Model. https://ethw.org/First-Hand:The_Hidden_Markov_Model. Abrufdatum 05.08.2018.

4. Jones, K.: Compositional applications of stochastic processes. In: Computer Music Journal (1981) 5/2, S. 177-196.

5. Hirzel, M.; Soukup, D.: Project Writeup for CSCI 5832 natural language processing. University of Colorado, 2000.

6. Farbood, M.; Schoner, B.: Analysis and synthesis of Palestrina-style counter point using Markov chains. In: Proceedings of International Computer Music Conference (2001). International Computer Music Association, San Francisco.

7. Allan, M.: Harmonising chorales in the style of Johann Sebastian Bach. Thesis, University of Edinburgh, 2002.

8. Chai, W.; Vercoe, B.: Folk music classification using Hidden Markov Models. In: Proceedings International Conference on Artificial Intelligence, 2001.

9. Xenakis, I.; Formalized music. Thought and mathematics in music. Stuyvesant, NY 1992.

10. Wadi, A.: Analysis of Music Note Patterns Via Markov Chains. Senior Honors Project at John Caroll University, 2012.